DVDブック

究極のいい運命へ

神とつながれ

森田 健

Ken Morita

宇宙が誕生する以前、私たちも何らか
の形で存在していたのかも知れません

宇宙が誕生する以前、
私たちも存在していた……（p9）

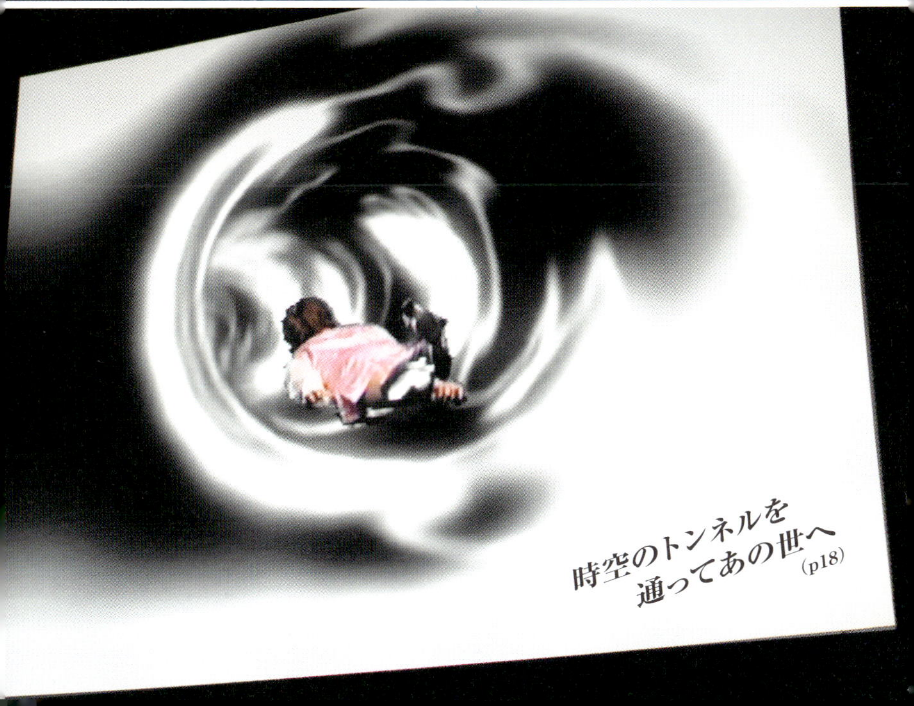

時空のトンネルを
通ってあの世へ（p18）

神は自分を知りたい！
「私に問いをくれ」
（p28）

2006年1月27日　東京・よみうりホール

問いと答えのネットワークが
運命を変え、神が動き出す
（第2部　p29〜）

DVDブック　究極のいい運命へ　神とつながれ

DVDブック　究極のいい運命へ　神とつながれ◎目次

● はDVD全編再生時のチャプター番号です。

『究極のいい運命へ　神とつながれ』DVDの視聴方法

1　DVDプレーヤーにディスクを正しくセットしてください。（DVDプレーヤーの取り扱いについては、ご使用のプレーヤーの取扱説明書をご参照ください）

2　下のような映像メニュー画面が現れます。DVDプレーヤーのリモコンにある▲▼ボタンで見たい画面を選択し、決定（または実行）ボタンを押せば、その画面から見ることができます。全編再生を押せば、全編が通して再生されます。

DVD全編が再生されます。

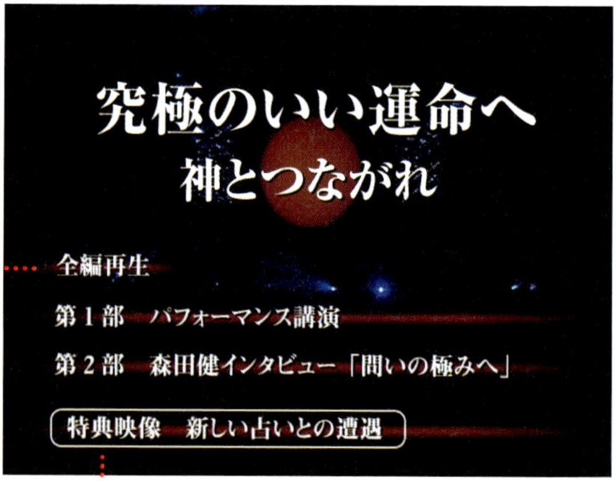
究極のいい運命へ
神とつながれ
全編再生
第1部　パフォーマンス講演
第2部　森田健インタビュー「問いの極みへ」
特典映像　新しい占いとの遭遇

特典映像が再生されます。

3　本書の目次や本文にはDVD全編再生時のチャプターが●の番号で示されています。この番号をリモコンなどで指定すると、その画面から再生されます。

第1部
パフォーマンス講演

1 プロローグ

不思議研究所の森田健です。私の調査は体当たりで、自分をも実験台にします。今回は生まれ変わりを体験するために、男性と女性の両方を演じてみました。これにより不思議研究に大きな突破口が開かれました。そしてみなさんを、究極のいい運命へとご案内したいと思います。

2 宇宙が誕生する以前

宇宙が誕生する以前、私たちも何らかの形で存在していたのかも知れません①が、今となっては知ることができません。

私は本当の親を知りたいと思っていました。もちろん肉体を作った親なら知っています。しかし最初に私の魂を作った親を知りません。だから私はみなしご②なのです。

なぜ私はこの地球に生まれてきたのか、なぜ私は私なのか、それすらもわかりません。私の魂を作った親がいるのなら、聞くこともできます。でも私はみなしごだから聞けません。だから私は不思議研究所を作り、「親」の情報を自分で集めました。その結果、思ってもいなかった結論に至ったのです。

①

宇宙が誕生する以前、私たちも何らか
の形で存在していたのかも知れません

②

私はみなしご・・

3 究極のいい運命へ　神とつながれ

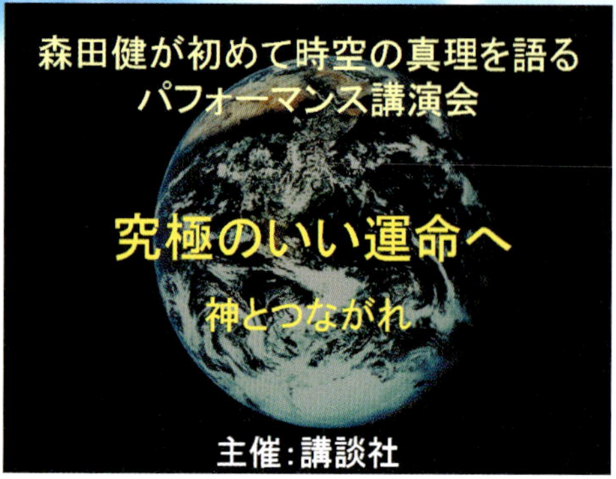

この世を操《あやつ》っている存在は何なのか、物理の方程式はその存在が作ったのか、これらは高校２年の時に持った問い①です。

そして年月が経《た》ち、私はその存在を調査する仕事を始めました②。その存在がいるかどうかもわかりません。なので「時空」と呼んでいました。「神」と呼べばそこには上下関係が生まれるからです。祈ったり願ったりする神だとすれば、私たちは永遠に自由になることはありません。私は対等に調査したかったのです。その結果、やはり私は神と呼ぶことにしたのです。その理由はＤＶＤの中で明らかになります。そして神とつながれば、究極のいい運命が開かれます。

①

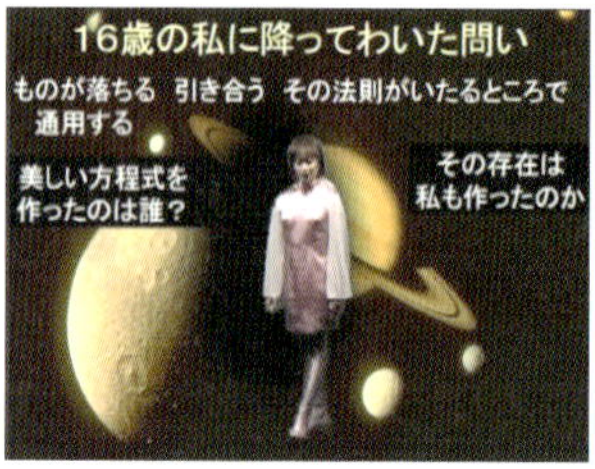

②

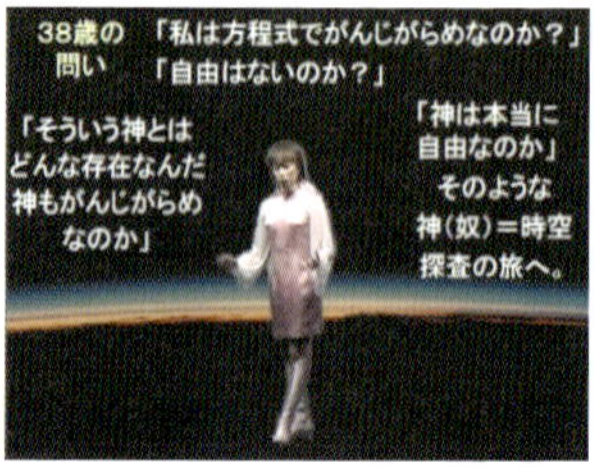

4 中国珍道中（夏紀行）

中国珍道中
（夏紀行）

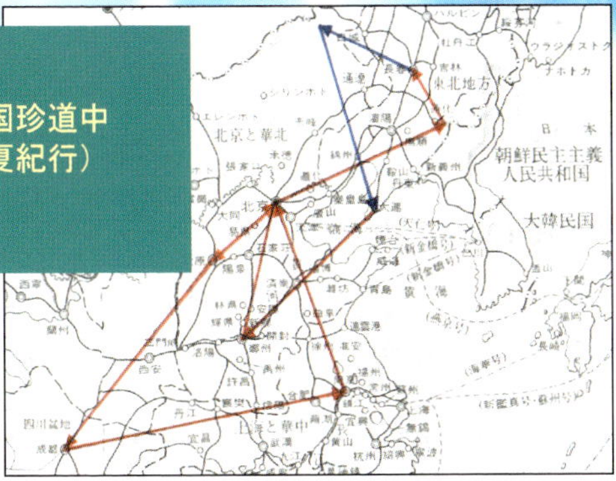

夏に行った中国です。赤い線が飛行機で飛び、青い線が車で移動したところです。白鳥が成育する内モンゴルまで足を伸ばしました[1]。そこにはお酒をどんどん出せる女性がいました。とっくりからラッパ飲みをして、彼女は酔います。酔うとお告げが出てきます。でもさきほど飲んだとっくりには、もうお酒が溢《あふ》れています[2]。私も飲んでみました。それは中国特有の大変に強い酒でした。中のお酒が外から確認できる透明な容器でもやってもらいました。やはり数秒で一杯になりました。この女性と一緒にお酒を飲んだ人は、難病も治ってしまうと言われています。

①

白鳥の湖

②

たちまちお酒が一杯に・・

5 中国珍道中（冬紀行）

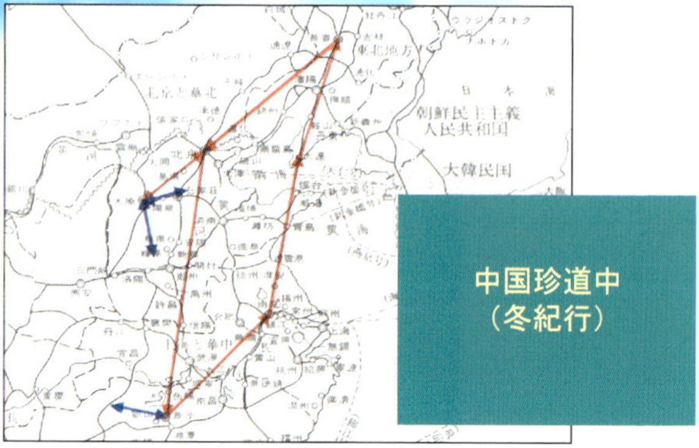

冬も中国大陸を股にかけて調査をしました。今回は「タダ酒おじさん[①]」に会いました。彼はとっくりを持ち、奇声を上げながら振り回します。当然周囲にこぼれます。本人もラッパ飲みをします。でも中のお酒は一向に無くなりません。この状態に入ると相談者の過去や未来がわかるというのです。私もやってもらいましたが、交通事故にあったこととか、今占いを習っていることとかを当てました。

長いすに目を閉じて寝ているのは、相談者にふりかかった過去の事件の現場を見ることができる女性[②]です。それだけではありません。処方箋《しよほうせん》のメモをしている相談者の、字の間違

①

②

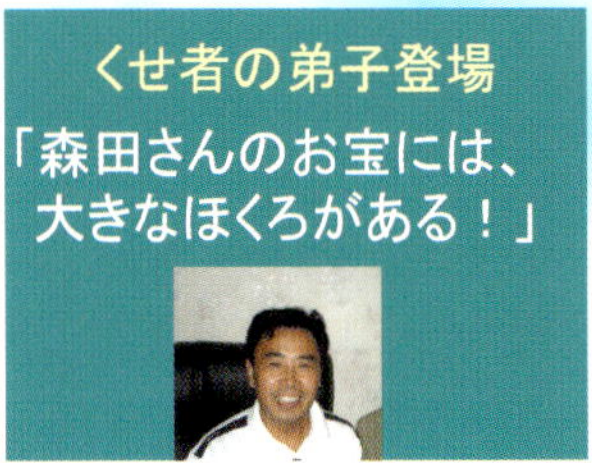

③

④

いも指摘していました。彼女に聞けば、幽体離脱《ゆうたいりだつ》のような感じで、過去に起こった事件の現場を見るのだそうです。

「くせ者の弟子③」は、顔を見るだけですべてを当てるという面相占術師です。彼は私の長男が流産で死産したことも当てました。さらに私の最初のバイクの事故は赤いバイクで、西南の方向に走っているときだと言い当てました。それはすべて顔に書いてあると言うのです。しかし運命は決まっているだけではないそうです。私は青いパンツをはけば運が良くなるそうです。彼は内面と運命の関係を次のように言いました。

「顔が変わってから運命が変わります。内面が先ではありません。私に言わせれば、内面を磨《みが》くほどバカなことはありません④」

彼は私がポケットの中に隠し持ったお札の金額まで当てたのです⑤⑥。

⑤

⑥

6 生まれ変わりの村

中国には生まれ変わりの村と称される場所があります。そこには前世の記憶を持った人が沢山います。

前世の夫には、何も感情がわかないと言った人がいました。彼は若妻から男に生まれ変わりました。肉体が変わると「私」というアイデンティティは同じなのに、今世の肉体の性に自然に従い、異性（女性）を好きになったと言いました[①]。

この村の伝説によれば、あの世には「スープ[②]」があるそうです。それを飲んでしまうと前世の記憶が無くなるのです。この伝説（情報）がこの村を変えたのです。ということはこのＤＶＤブックを見たあなたも、情報を知ったことでおそらく変

①

②

女（73歳）→ 女（39歳）2001年
前世の
家のあたり
孫とクラスメートに
前世の孫とは中学校のとき、クラスメートになりました。息子の娘は何回も会いに来ています。孫だと病気にはならないのです。でも死は怖いです。

③

女（自殺）→ 男 2002年
自殺しても天国に行ける
主人の虐待に耐えられず、瓶に入って自殺をしました。川を渡りました。水があるのに足が濡れません。しかしそれ以外に違いはありません。私の知り合いで既に死んだ人とも会いました。商店もあります。貨幣もあります。

④

わるはずです。

73歳で天寿《てんじゅ》をまっとうした人は2キロしか離れていない場所に生まれ変わりました[③]。そのために孫と同じ中学に通うことになったのです。

夫の暴力に耐えられずに自殺した人がいました[④]。彼は地獄に落ちたと思いました。しかし知り合いで既に死んだ人にも会い、あの世は快適だったと言いました。彼は地獄には行かなかったのです。反省する場所などもなく、自分よりも上の存在はいなかったそうです。

革命の時、逃げていて橋から落ちて死んだ人は、そのまま走り続けました[⑤]。でも落ちたときに既に死んでいたのです。死んだことを知らずに10年を過ごしました。前が男性だったので女性に生まれ変わった今でも、男性の性格を持っているそうです。彼女には子供がいますが、生まれ変わりを経験

⑤

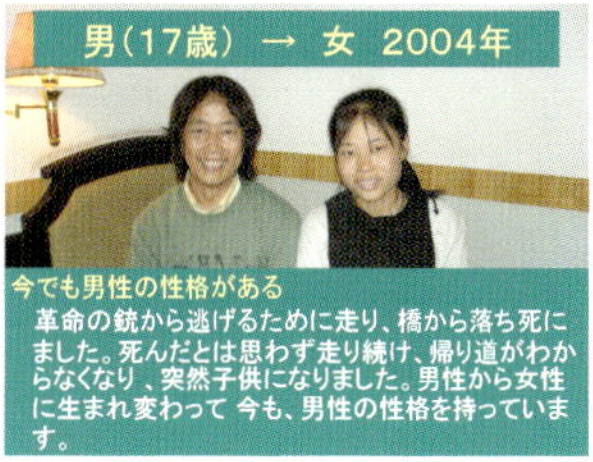
男（17歳）→ 女 2004年
今でも男性の性格がある
革命の銃から逃げるために走り、橋から落ち死にました。死んだとは思わず走り続け、帰り道がわからなくなり、突然子供になりました。男性から女性に生まれ変わって 今も、男性の性格を持っています。

⑥

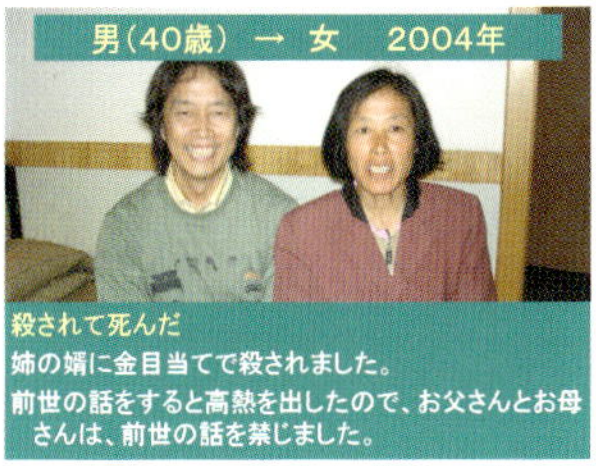
男（40歳）→ 女 2004年
殺されて死んだ
姉の婿に金目当てで殺されました。
前世の話をすると高熱を出したので、お父さんとお母さんは、前世の話を禁じました。

男→男　2005年
中国の英雄
前世は劉志丹と言う大将でした。数十万にも及ぶ兵隊を毛沢東のために使いました。最後に毛沢東が勝ったのは、劉志丹のおかげだったのでした。戦死して英雄になりました。

⑦

生まれ変わりの村の葬儀

⑧

した今は、本当の自分の子供とは思えないそうです。

金が目当てで姉の婿《むこ》に殺された人がいました[⑥]。彼女は最初、彼を殺そうと思ったそうです。でも今は恨みは消えたと言いました。

毛沢東に協力して戦死した人が生まれ変わりました[⑦]。彼は英雄として、革命の記念館の館長をしています。しかし小声で私に教えてくれました。彼を殺したのは毛沢東の軍隊だったのです。彼の圧倒的な勢力に危機感を感じた毛沢東が、将来政権を取られるのではないかと思い、彼を殺したのです。死人に口なしと言いますが、この地域は別なのです。

生まれ変わりのお葬式はまるでお祭りです[⑧]。あの世で使う金庫[⑨]とかテレビとかパソコン[⑩]まで棺に入れます。それは彼らが、肉体は死んでも、魂は死なないことを知っているからです。

⑨

あの世で使う金庫

⑩

Windows 2000
Professional
あの世のパソコン

7 体外離脱からの気づき

1997年3月よりモンロー研に通う

モンロー研究所で体外離脱したとき、あの世でドアに遭遇しました。ノックすると「あなたは誰ですか？」と聞いてきました。この問いに3日間も費やしました。最後に「私は誰でもありません①」と言うとドアは開きました。これで気づきました。私は「私」を作ることで、成長しようとしてきたのです。ゴールに向かうことで他の可能性を捨ててきたのです。でも価値に上下の差がなければ、成長する必要はありません。私は今の私を否定して、別の私になろうとしていたのです。世界に上も下もありません②。それは人間が創り出した思いこみの世界だったのです。

①

私は誰でもありません

- 「私」を作り出すことは、他の可能性を捨てることではないでしょうか
- 「成長」も、可能性を捨てることだと思います
- 「誰でもない私」は、360度の可能性を持ちます

②

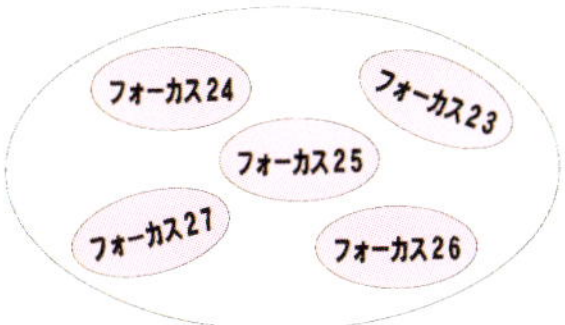

上下という思いこみの崩壊
階層の無い世界へ

8 生まれ変わりを経験

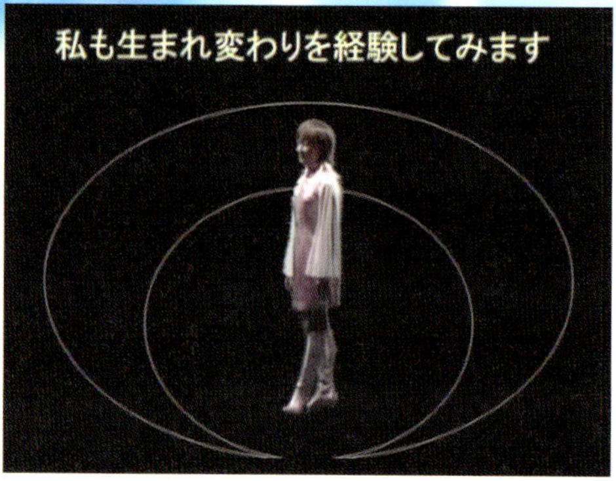

時空のトンネルを飛ぶことができました。トンネルは、モノトーンだったかと思えば虹色《にじいろ》に変わったりもしました①。それがとても綺麗《きれい》で楽しくて、トンネルの内部に見とれていました。そしてあの世に着きました②。

これは画像合成です。しかし舞台の上でリアルタイムでやったものとしては、日本で初めてかも知れません。

さて、あの世には反省する場所など無く、自殺をしても、地獄などには行かないようです。それはあらゆる差に価値を置かないのだと思います。価値の差がなければ反省のしようもなく、地獄も存在しようがありません。

①

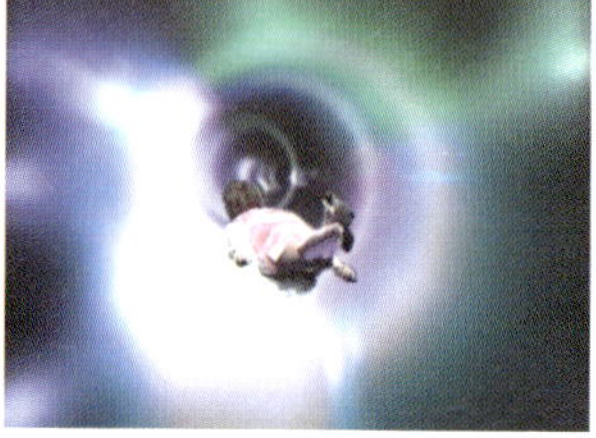

②

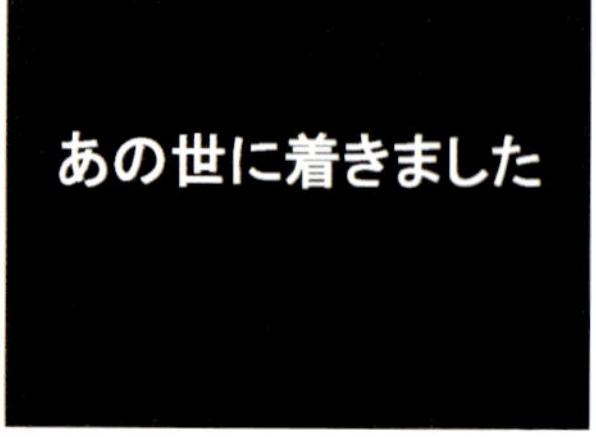

9 スタートラインに立ちました

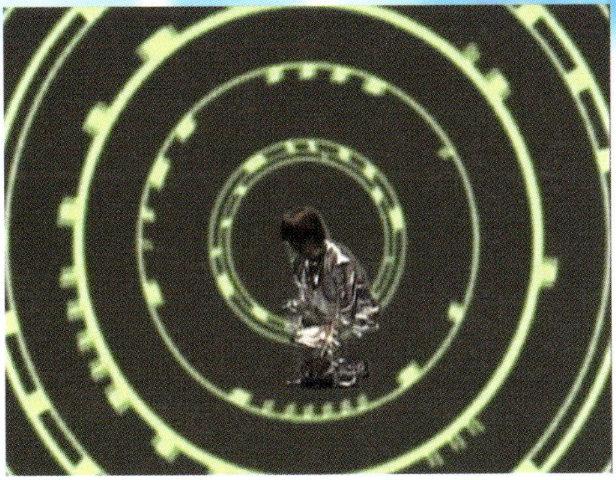

私は女性から男性に生まれ変わって、今スタートラインに立ちました。常にスタートラインに立つと運命は好転します。逆にスタートラインが固定されると運命も固定されます。それを研究したのが盲目の占い師でした。当たる確率が90％以上だと言われる盲師派推命占術です①。それを段建業《だんけんぎょう》氏（通称ダンさん）が盲師から会得しました。従来の四柱推命よりも簡単なのに、より当たるのです。それは盲師が価値判断をせず、「自分は空洞《くうどう》」だという理屈がわかっていたからです。自分に原因を置かず、誕生日時のみに手がかりを置いたのです②。性格も誕生日時の産物なので、変えることは無意味です。

①

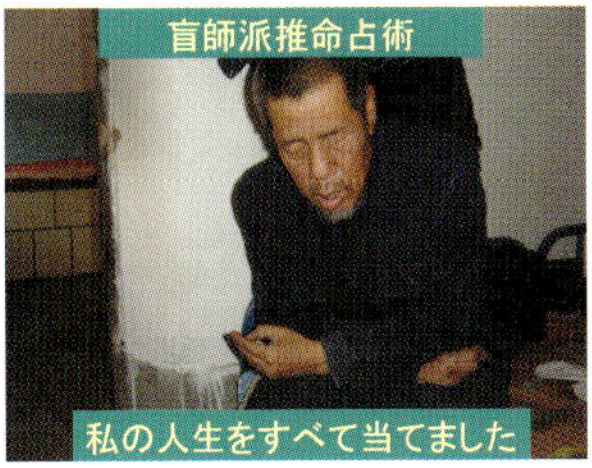

②

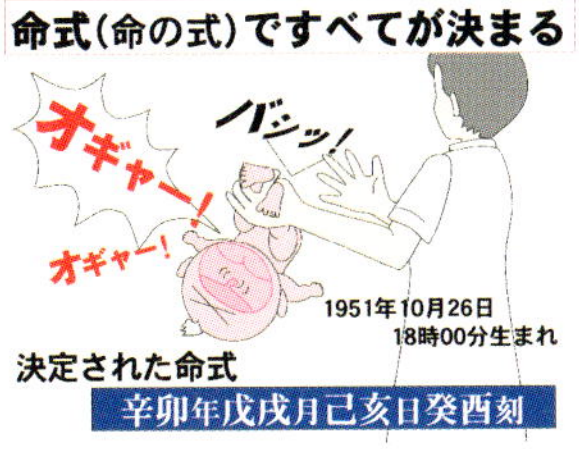

10 顔で恋愛判断する面相占術

冬に再び、面相占術師に再会

面相占術師に再会しました。まずはどんな利用方法があるかを聞いて①ビックリです。女性とうまくいくかどうかは、顔を見ればすぐにわかるそうです。恋愛で悩んでいる方にはうってつけの占術かも知れません。次は面相についてのより詳しい手法を聞きました。すると彼は教えてくれました。顔を五つのパートに分けて、五行を配置するのです。さらに12のパートにも分けて、十二支を配置します②。過去は暗い色といった感じで色も見るのです。するとほとんど当たるそうです。つまり空間系を使っているのです。これに対して盲師派推命占術では生まれた時刻という時間系のみを使います。

①

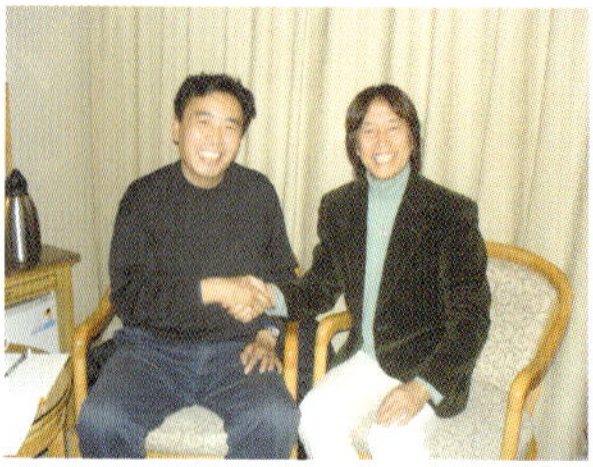

②

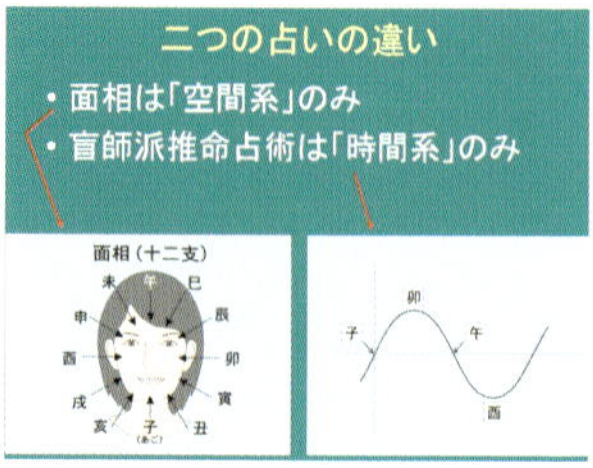

11 六爻占術は劇的に運命変更

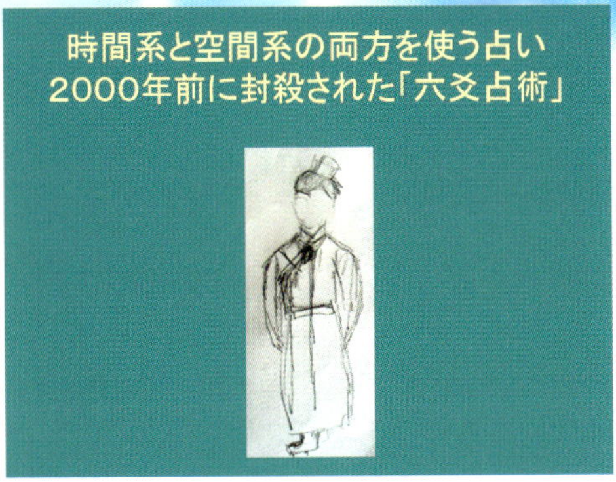
時間系と空間系の両方を使う占い
2000年前に封殺された「六爻占術」

時間系と空間系を両方使うのが六爻《ろつこう》占術です。これは３枚のコインを６回振る占いで、２０００年前に京房《けいぼう》という人が発見しました。この占いが当たりすぎたため、彼は皇帝から暗殺されてしまいました。でも死期をあらかじめ知っていた彼は、その秘法を友達に託しました。それが古文書として発見され、考古学者王虎応《おうとらおう》氏（通称トラさん）の元に届いたのです。

トラさんは京房もやっていなかったことに着手しています。それは卦《け》（八卦の一種）の書き換えです[①]。例えば誰かが自分のために振った卦を書き換えて、その人の母親の健康運を出すこともできるのです。ひとつの卦から８人の運命まで出

①

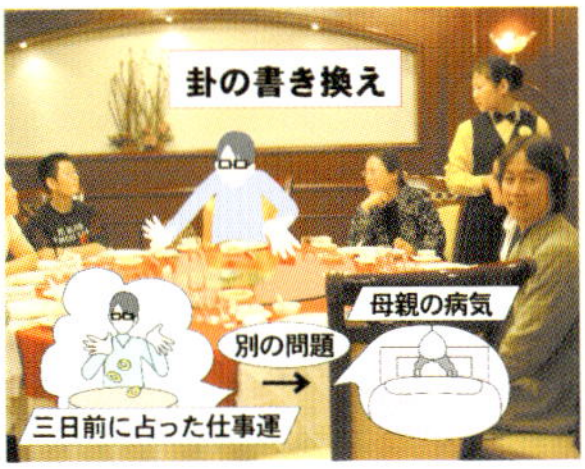
卦の書き換え
母親の病気
別の問題
三日前に占った仕事運

②

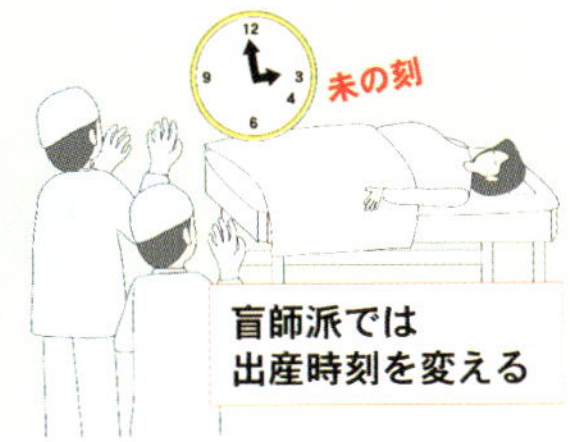
未の刻
盲師派では
出産時刻を変える

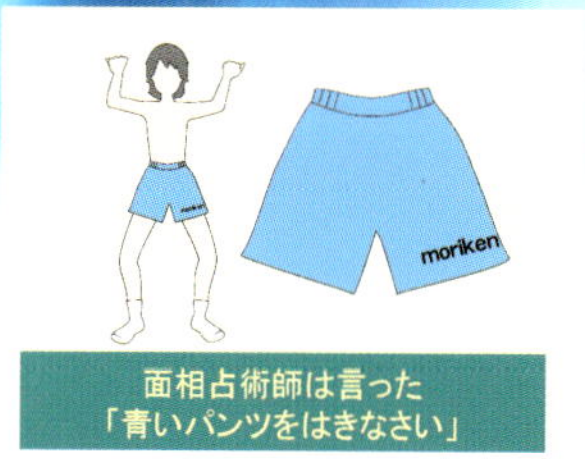
moriken
面相占術師は言った
「青いパンツをはきなさい」

③

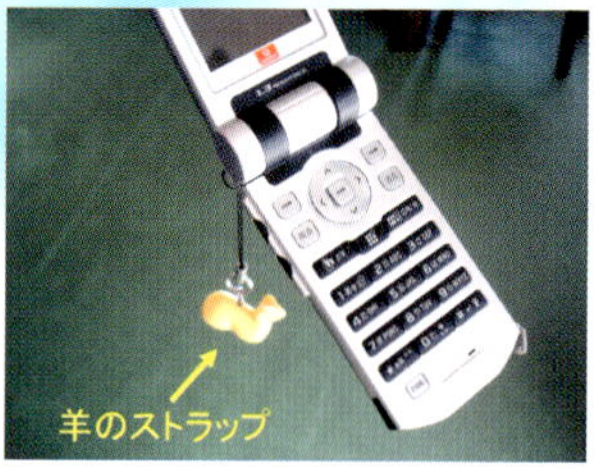
羊のストラップ

④

した例があります。しかも次第に当たらなくなるのではなく、もっと当たるようになるのです。

盲師派推命占術で運命を変えることができます。それは誕生時間を変えるという手法②で、事前に計算した時間に帝王切開で産むのです。ダンさんの子供もそれで産みました。命式（運命を表す命の式）通りに良い運勢を歩んでいるそうです。

面相占術では色（私の場合はパンツの色）などで運命を変える③ことは既に書いた通りです。

六爻占術は劇的な運命変更が出来ます。不妊を宣言された夫婦が羊の携帯ストラップ④を３ヵ月しただけで妊娠したのです。つまり原因は「自分」ではなく、あくまで外側にあったのです。そして外側はネットワークで形成され、自分は空洞なのです⑤。あの世とこの世は忘却のスープで分断されていますが⑥、お互いにネットワークされる日も近いと思います。

⑤

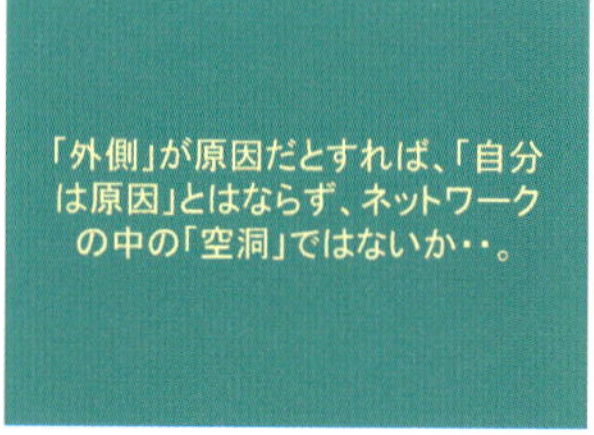
「外側」が原因だとすれば、「自分は原因」とはならず、ネットワークの中の「空洞」ではないか・・。

⑥

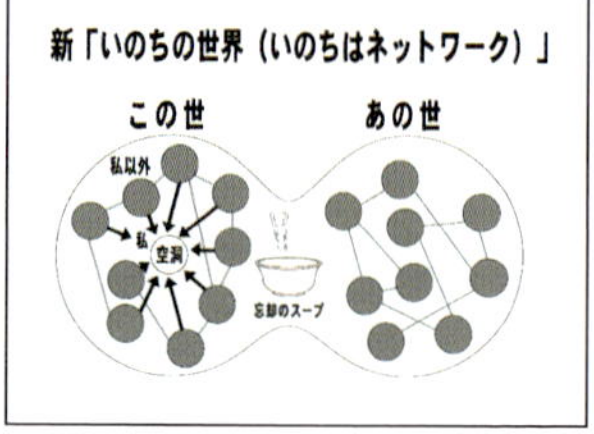
新「いのちの世界（いのちはネットワーク）」
この世
あの世
私以外
私
空洞
忘却のスープ

12 封印していた問いが蘇った

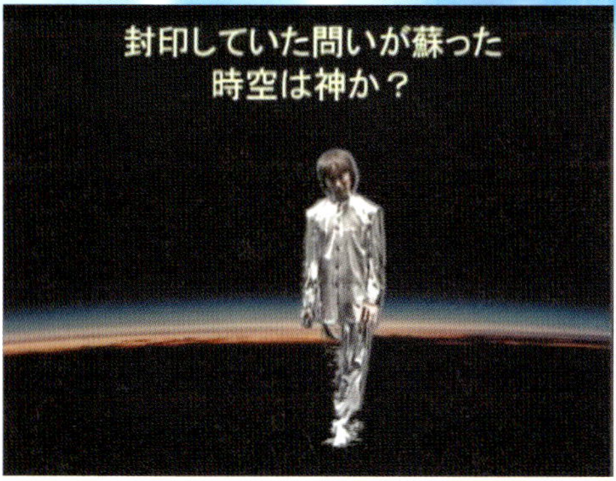

神は上から私たちをコントロールしているという概念の時、私は「神」と呼びたくありませんでした。しかし世間一般の人が「神とつながれ」と言えば、上の神とつながることを意味します。支配者である神に気に入られて、自分が恩恵をこうむるという仕組みです。その世界に生命を感じることができませんでした。

しかしネットワークとして横の概念になれば、生き物のように動き始めることが可能です[①]。私が追究している究極の存在の呼び名は、「時空」から「神」に変わったのです。しかしそこには縦の概念は無くなって[②]いました。

①

②

13 いい運命に入るには？

自分以外がすべて原因の世界です。だとすれば外の世界とつながっている人ほど、原因の世界につながっていることになります。

つながりは作り出すこともできます。私の妻の母が呼吸困難におちいり、緊急入院しました。父はもうダメかと思いました。私は妻に振ってもらったコインから卦を出し、運命変更のキーを見つけました。それは六爻占術の用語では「寅」と「子孫」でした①。寅はネコ科です。子孫は孫です。ふたつを合わせて私は閃《ひらめ》きました。娘（母にとっては孫）が小さい頃に遊んでいたセーラームーンの「アルテミス」というネコが我が

①

②

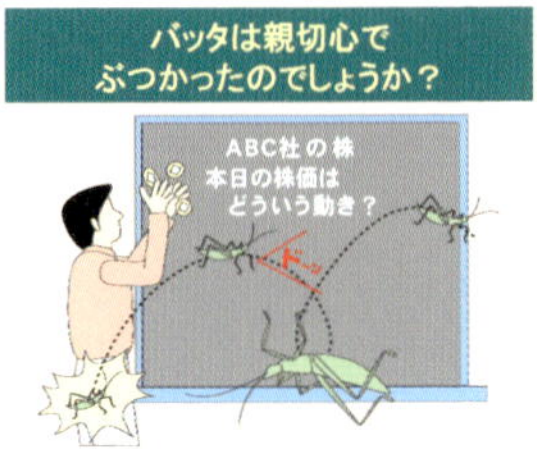

③

④

家にまだありました。それは母と一緒に遊んでいたものです。つながりという面からは最高でした。さっそくそれを病室に置きました。すると予言した日（翌日）に呼吸が戻り、予言した日（５日後）に退院したのです。担当の医者も回復の早さに驚いていました。

トラさんは、もっとつながっています。六爻占術を使った株の予測講座のとき、バッタが飛んできて黒板に当たり、再び飛んでいきました[②]。その軌跡を見て「あれが明日の株価だ」と言いました。その通りになりました。

世界とつながれば、シンクロはどんどん起こります。ではどうすればつながれるのか、その方法のひとつがハンドルを手放すことです[③]。目標を手放すのです。目標に向かってまい進していると、周囲が見えなくなるのです。さあ思い切ってハンドルを手放してみましょう[④]。天人合一が、待っています[⑤⑥]。

⑤

⑥

14 神の視点から考える

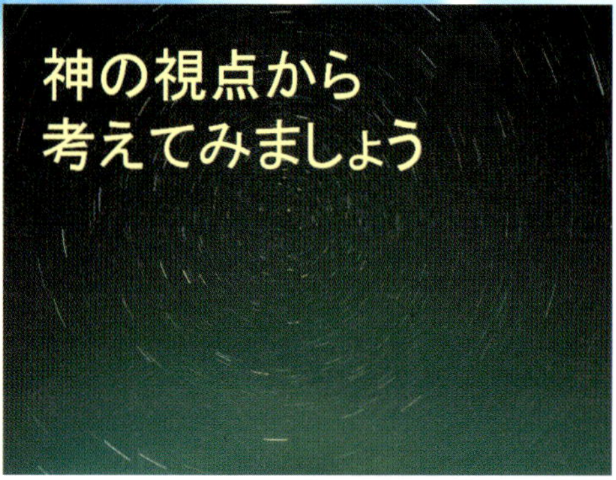
神の視点から
考えてみましょう

宇宙が生まれたとき、神は呟《つぶや》きました。
「私は誰？　私は何のために存在しているの？」

神は自分を知りたくて60億の人間を作りました。沢山《たくさん》の視点からの問いを得るためです①。空間的には「60億」に分散できました。でも時間軸上の視点は固定されたままです。なぜなら、すべての人間の運命が決まったままだからです。

個人の業《ごう》（カルマ）などありませんでした。運命が決まっているのに、カルマがあるわけないからです。あるのは全体の業だけでした②。神は自由が欲しいのです。自由になればもっと沢山の視点から、自分自身を問えるからです。しかし神は

①

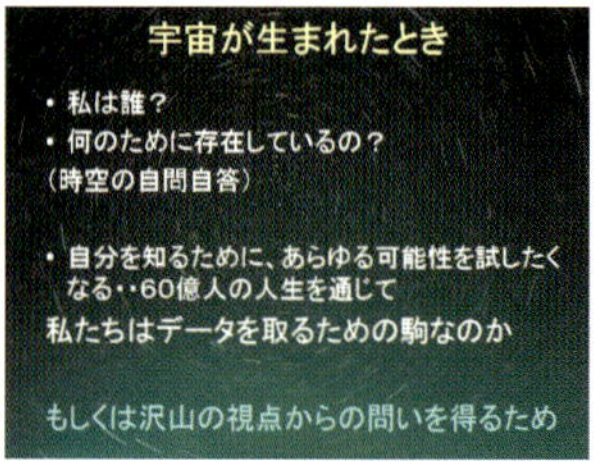
宇宙が生まれたとき
• 私は誰？
• 何のために存在しているの？
（時空の自問自答）
• 自分を知るために、あらゆる可能性を試したくなる・・60億人の人生を通じて
私たちはデータを取るための駒なのか
もしくは沢山の視点からの問いを得るため

②

個人のカルマは無かった。全体の業があるだけ

③

④

何度輪廻《りんね》を繰り返しても、運命変更能力を使い切ることはありませんでした。それが全体の業となって今に至っているのです。どうすれば運命から自由になれるのでしょうか。それは自分を肯定することです③。ハンドルを手放してみれば、私たちは空中に浮きます。そして気流の流れに乗るように運命が大きく変わります④。

トラさんのところに難病の子供を持った母親が占いにきました。卦には助からないと出ていました。しかし外で雷雨が始まりました。子供の五行は木でした。水（雷雨）は木を生じます⑤。トラさんは「お子さんは意外な方法で助かります」と言い、その通りになったのです。これは不完全から完全への移行ではありません。完全から完全への移行なのです⑥。私の長男は死産しましたが、その死すらも完全だったはずだからです。

⑤

⑥

15 自由になるには「問い」が大事

自由になるためのすべての始まりは「問い」です。難病のお子さんを持つ母親は、「息子は治るか？」という問いを持ちました。その結果、雨が降ってきました。株の講座では「明日の株価は上がるか？」という問いを持ちました。するとバッタが飛んできました。神は問いたいのです①。ですがあなたがネットワークにつながっていなければ、全体との通信が開始されません。答えが来ません。今あなたも「ネットワークにつながるか？」という問いを持って下さい②。この問いへの答えはＤＶＤを見た人だけにプレゼントされています。そしてこの答えがあなたを究極のいい運命へと変えていきます。

①

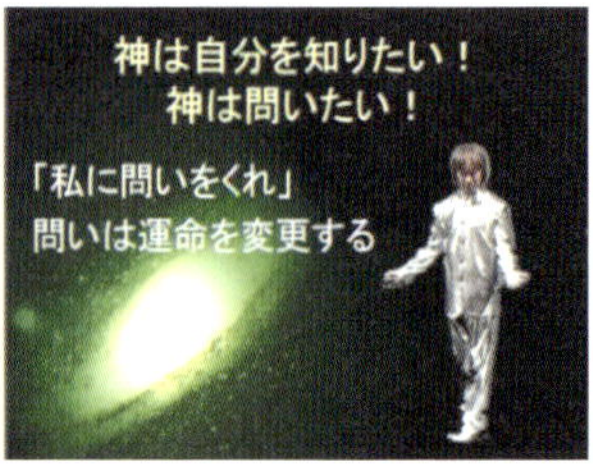

②

第2部
森田健インタビュー「問いの極みへ」

冒頭の●はＤＶＤ全編再生時のチャプター番号です。
本文行頭の――部分はＤＶＤにない部分です。

きき手／川島克之（講談社編集部）

16 なぜ神を語ったのか

Q 内容的にも仕込み的にも、見ていてとても感動しました。やってみてどう感じましたか？

A 生まれ変わったような気がしています。（講演中）時空のトンネルに入って飛んで、実際には舞台裏で女性から男性に着替えていましたけれど、足が宙に浮いているような感じで、また（あの世から）戻っておぎゃあおぎゃあを聞いて、自分は何か知らないけど前と今とでは何か違うという感じがします。

それからもう一つは、今回の講演会は十数名のスタッフが後ろにいて、全部やってくれている。すでにスライドはずいぶん前からフィックスされて、私の入り込む余地はあまりないわけです。このスライドでは、私が入り込んでどうこうするかは全部プログラムされている。まさに時空そのものみたいな感じで、私は決められた運命にこの講演会では乗っているだけっていう。だから気負いがない。今日は頑張って伝えなくては、がない。

編集者の質問によどみなく答える森田健氏

決められた運命をいかに乗って坦々《たんたん》といけるかどうか、(だから)今までの講演会と違ってやっていてラクだった。

Q 運命ガチガチと、自由になりたいという問いの交錯をひしひしと感じました。

A 目標をもつとダメ、だから今日の講演会は、始ベルが鳴って、宇宙のシーンが出る中で、何をいいたいかが自分では無くなっている。そういうときが一番センサーが敏感なときのような気がします。自分が演技しているにもかかわらず、生まれ変わりの体験をリアルにやっている感覚でした。

Q 森田さんは神に満足しない人だと思っていました。なぜ神をいう気になったのでしょう。

A 本当いうと神を語りたくてしょうがなかった。今まで一番の根本のところにベースとして流れているのは、神はいるのか、それと神の性質、それを知りたいです。宇宙のルールを、生命体を作ったとすれば、単に時空じゃ収まらない。「時空」は無味乾燥な気がするけど、神は生命体になってくる。その生命体と私との関係は一体何なんだと。

もりけんはいよいよ神に走っちゃったのかよ(といわれる)、そこが自分の中でもブレーキのかかっていた部分だと思うんです。

Q 生きる根拠としての神、生き方を教える神ではないんですね。

A 「神は自由か?」という問いがあります。全知全能の神は自由に決まってんだろ、とみなさん思うでしょうが、向こうは

自由で、こっちが不自由なんだと。神様がもしいたとして、上下の関係で、向こうは自由きままに考えて、ノアの箱舟の洪水を起こして自由奔放にやっている。人間は神にしばられているもの。そういう世界観に対して、そうじゃないんだという感じを打ち出したのは、自分の中の神の考え方がガラリ変わったからです。

Q　自分を支配してくれる神を求める、あるいは反発するということではない？

A　自分を支配する神、神とつながればいいことあるよ、という世界観に私は満足しないんです。一言でいえば美しくない。上下関係でしばっている世界なんて。そんなもの作らなければいいじゃないか。上でコントロールしているなら、そういうのは何かきれいじゃない。私が最初に感じた、高校生のときに美しい感覚から入っていった時空への問いが、上下関係で答えを得てしまうと、つまらないで終わるんです。

Q　神をどう「感じて」いるのでしょうか？

A　上下の関係が元々いやで、占いを知る前に道教の修行をやりましたが、道教は来世でなくて今世のためにある。神を上に置きません。人間の世界だけで仙人になったりしますが、コントロールする、されるの関係がないのにひかれました。上下関係のない世界観はいいなあと感じる。神っているとなれば、そういう神がいいなと思います。

17 結果が原因を変える

Q 「結果が原因を変える」というのが出てきました。結果と原因の関係を、どんなイメージでとらえればいいでしょうか。

A コイン振って運命を変更するのに対して疑問に思っていたことがあるんです。どの時点で運命変更がかかったか。3つか4つポイントがある。親戚の例で、子供が身ごもらないといわれて、コインを振ってみようと問いをもった瞬間がそうなのか、コインを振っているときか、コインの目をみて判断しているときか。そこでインスピレーションを受けてしまえば変わるはず。いや、そこまではすべて決まっていた。最終的に羊の携帯ストラップを2人がつけた瞬間に変わったのか。持っていたときに変わるのか、一体どこで運命は変わったのか。ずっと疑問だったんです。

今回、原因を特定できない話が出てきます。結果でさえも原因を変えてしまうと。究極的な原因はこうだった、どこのポイントが運命変更のポイントだったかを探ることはむずかしい。一連のすべてを総称して運命変更がかかったと考えるんです。

Q 結果の連鎖は原因の連鎖になった。

A トラさんの名言で、「腹が減ったら飯を食うんだ」。それは動物なんじゃないかと思う人も多いでしょう。それが全体とつながる一つのキーワードになっている。全体と一緒になると変わる可能性があるのは、次の例でお話ししたいです。――プールに入って、浮き輪でぷかぷか泳いでいるとき、どうやったら運命を変えられるか。

世の中は、作用と反作用で動いている。立ち上がって歩き出すときにも、地面をけると作用反作用が起こります。それと同じように、浮き輪に乗って浮かんでいるときに、プールの側面を押す行為で浮き輪は離れます。それは作用と反作用です。かけば動くのは、水をかくという作用と反作用です。ということはこの世の中はすべて作用と反作用でなりたっているわけです。

でも、原因と結果がわからない世界で、作用と反作用が切り分けられるかという疑問があるんです。ということは、羊の携帯ストラップがもし作用と反作用だとすれば、一体何を押したんだ。私は何も押していないんじゃないかと思うんです。

Q　すべてが決定していることが、問いによって励起がかかって、ネットワークが変わる。卦の書き換えでノイズがなくなり、オセロの目が全部変わるような、自由感をいっている？

A　そうなんです。いまの浮き輪の例を人体に置き換えてみると、赤血球がオレは自由になりたくて血管を押すわけです。血管のなかで小さな移動はできるが、血管からはずれることはムリです。プールでは押したりかいたりしているだけ。(でも)もう一つ変わることがあるのではないか。もしプールが流れるプールだったら、流れそのものが変わったらすごいことなんじゃないか。流れそのものが変わることが、私の親戚に起こった、生まれるべきじゃない子供が生まれたことではないかと思う。流れごと変わるとき、プールの脇を押しても小さな変化しかない。

私が2001年にニッセンで大儲《おおもう》けしたのは、盲師派推命占術では金儲けすると出ています。その額の大きいか小さいかだけ。それは運命改善だが、でも運命変更まで行っていないんです。でも羊の携帯ストラップは元々ない運命を変更した。押す行為でなく、水と一体となったときに水が変わり出してくれた。自分はそこに乗ってるだけでいい。それが運命が大きく変わり出すときじゃないかと思うんです。

で、いよいよ神ですが、私はこの講演会でとっても面白い気づきに出会った。「神は自由か？」って問いがあったんですが、神は外側に作用反作用で押すことはできないです。時空の外側には何もないから。時空は閉空間です。なのに、どうして運命変更が行われるんだろうと思ったんです。

赤血球が動いても神の形は変わりません。ところがプールの流れが変わるのは、神が手を動かしたのに等しい。運命は時空の誕生から時空の終わりまで決まっている。だけど神はその中ですら、手を動かすことができる。ということは、いままで神は、パントマイムでいえば固まっていた。寝たきり老人以下だった。動きの取れない神様だった。

それがやっと運命を変更し始めて、それを内部でやるわけです。動けるわけです。宇宙空間は何も押すところがない。自分自身はどこにも行けない。でも、体を動かすことができるわけです。それと同じく時空は外側に何もないけれども、神はやっと手を動かし始めたと解釈しているんです。すると、その一歩が、私の親戚に起こったできごとではないか。

Q 神に流れがありますが、「決定」です。人間が、コインを振って問いを投げかけて運命変更をかけたことで神の流れに触れて、神自身が変わる。そういう行為ですね。

A 中でやってるから作用反作用で打ち消し合っているけれど、それでも最終的に全体の神は動き始めた。やっと21世紀になって、神が動き始めた。ここまでいくと、全知全能どころか身動きひとつできなかった神が、21世紀になって動き始めた。もしこれから動き始めたら、どんな世の中がくるんだろうって気がします。

Q　神自身が動くとはどうすればいいか、具体的にハンドルを手放すやり方を。

A　自分の体験でしかないですが、トラさんたちと会って、彼らは運命を決まっていると思っている。変えられるとも思っている。彼らは全息論《ぜんそくろん》といって自分のなかに宇宙がある。小さな変更が大きな変更につながってくる。彼らの生き方がヒントになって……。腹が減ったら飯を食う。眠くなったら寝る。寂しくなったら女を買いにいく。彼らは善悪観から解放されているんです。

どうやったらハンドルを手放せるかというと、善悪観にしばられない。親切をしない会の会長をするとか、善行を積まないと思っていると、自分に正直になる。だから自分はホームページで怒る人になる。怒っちゃいけない自分を演じているのではない。怒りたかったら怒ればいいじゃないか。そうすると、そのときそのときで蓄積しない。そうすると自然と一体になれる。全体をふと意識するようになる。

Q　善悪を超えることは360度の可能性だが、それを神が欲していたのでしょうか？

A　いたんでしょうか。神からいつかしっぺ返しがくるのではという人がいるが、いまのところはきていません。そういう人は外の価値観で、自分はしたいことがいっぱいあるのに自分を信じられない。面相占術師もそうですが、彼らは楽しそうに人生を生きている。善悪を手放している気がします。

Q 上下関係の神でなく、森田さんの神は360度の自由をえたい神である？

A 神がもし人間を善人にしようとするなら、私はこの世から降りたいと思います。すべてを対等に、弱い人も強い人も、全部対等に見ていく神だったら、私はこれからも、何世代生まれ変わるかわからないが、神を知り尽くしてみたいと思います。そのときは手も足も動いていて、よちよち神が歩き始めているという気がします。

Q いいこともわるいことも許す全知全能の神とつながるかも？

A でも、上と下という考え方は切り分けを作っています。善悪、陰陽と。私がいいなあと思うのは、「お陰様」といいますが、草の陰から見ているお陰様が本当の神様で、神は力の弱い存在だと思います。

Q お陰様の神が、ネットワークの神である？

A 上でドーンと居たらネットワークにならず下は分解してしまう。人間は弱いと思う。神だって弱い人間と同等だと思う。上から見ているより、草の陰から、土の下から見ているお陰様の方がピンとくる。

Q 親鸞の他力にも言及されますが、仏とは？

A 親鸞、法然は仏教を他力で解釈します。自分だけで何もなせず、他力だけができると。自分はゼロ、外の力だけに頼りなさい。で、私が思うのは、他力の世界観のなかに、全体、ネットワークの世界観があるかどうかよくわからない。他力が仏様、お釈迦様、観音様、ピンポイントとしての力の存在をいっているなら、違うと思う。

18 神で答えになるか

Q 森田さんは、どこまでも探究の人ですから、神をもってしても答えにならないのでは？　神も暫定的な答えですか？

A　究極は神を知ってもしょうがない。一番知りたいのは「私は誰？」が究極の問いです。なんで私は私の感覚をもっているのだろうか。なんで私は今ここに存在したのだろうか。神はこうだと知ったところで、その答えにならない。もしかしたら、同時に解答が得られるかもしれないが、いま私がここに存在する理由をまだ得ていないです。これからもこの旅は続く。

Q 「私は誰？」といっても、全宇宙とのネットワークでしか私はない。神の探究、さらに先にその「私は誰？」の答えが出てくるのでしょうか？

A　これから先調査をしていって、私はあまり期待をしなくて、中国紀行でもいわれるまま、トラさんもいわれるままです。次は誰が出てくるか、紹介者を信じて現場に行って、恍惚の人だったのか。現場で問いを考え始める状態なので、これからどうなるかは期待をするかもしれないが、してない。

Q ゆだねることと問いの感覚との関係は？　知りたいのは根底的な欲求。でもゆだねて訪れるのを待つのがユニークだと思います。

A　私が哲学者だったとして、一生懸命、インターネットで「私は誰」を検索して本を買って読む。それも一つの手法です。積極的にこちらからアクセスすることになる。するとそこから得る答えは狭まってくる気がします。問いはもっているけど、答えは日常茶飯事のいつどこで起こるかわからない。センサーを張っているためには、調べるよりも手放していった方が、ラクだし。

Q 森田さんは全方位アンテナで、そこにも360度を感じてしまう。

A　それが不思議研究所という得体のしれない名前になって特定されてなくて、これをやるのが私の人生だというのが減ってきている状況です。娘の人生相談で２人で話しますが、娘は自分のやりたいことみつからなくて、みつからなくてもいいじゃない、と力説していた。でもパパは毎日よくやっているといわれました。中国もよく行くし、あれは主体的じゃないのと突っ込みを受けました。外から見ると結構一生懸命やっている風にはみえるかもしれない。いわれるままにやってる部分は多いです。

Q 妥協しない。プライドがあるし。今回の講演会で、トンネルのシーン、妥協しませんでした。

A　最初は後ろを向いて顔だけ飛ぶようなまねをしてと。それじゃつまんない。飛ぶシーンを体験できるように横にならしてくれといって箱を作った。そこに行くまでにかなりステップがあった。……やれて楽しかったです。

Q 今までない体験、未曾有《みぞう》の行動をしたい。そういう思いが強いのでは？

A　横になって飛んだからっていくら儲かるか(笑)。見ている人も、私も楽しい、でもスタッフは大変だ。でもパフォーマンス講演会なので、やりたくてしょうがなかった。

Q　時空が新しい実験をしたいと進む話かもしれない。

A　神も固まってるのでなく、俺も飛ばしてくれよと思っているかも知れません。

Q　中国に行って占いに出会う。具体的なモノです。そこでも神や私は誰という問いを問うている感じが常にあるのでしょうか。

A　常にベースにはもっているんです。でもなぜ、と問われることがあるが、トラさんとは8年前に知り合って、ずっと私は占いをバカにしていた。女装して占いを認める経緯があった。8年間いてよくトラさんがしびれ切らさなかったと思う。トラさんはこうなることは前もって知っていたから。自分の問いがどこかでトラさんとつながっている気がします。彼は占いだけを研究して終わりたくないと思っています。どこかでこの時空を、六爻占術を通じて知りたい。六爻占術を極めるのが目的ではない。

19 勝手にしやがれ

Q 森田さんは使命感がなく、軽い。もって生まれた性格でしょうか？

A それは私が1951年10月26日18：00に生まれたからです(笑)。原因を追求することは無意味です(笑)。

Q 神が出てきて、真理の一端をつかんだといっていいのか？

A 現時点ではいいと思います。でもこれが終わったら次の問いが降ってくるかもしれない。私の特徴かもしれませんが、もりけんさんはいっていることがどんどん変わるとよくいわれる。昔出した『「私は結果」(原因の世界への旅)』は、原因が上にあって下に個がある。「私は結果」はいいが、原因が上にあった。その世界観を本にしちゃった。でも昔いったことなんか知ったこっちゃない(笑)。人間変わっていくし、真理を追求する過程で変わっていく、それは手放さなければしょうがないという気がします。無責任なんですけれども。

Q それは「完全から完全へ」です。

A なるほど。あっちも完全だった。

Q 常に完全なんです。

A 「私は原因」といっている人も完全ですね。

Q いや、すべて完全です。次のホットなネタをちらっと。

A いいたくてしょうがなかったけど、ホームページに一言も書かなかった。

おととしある占いの開発者に会った。その人はコインを振らずに六爻占術と同じことができる。その彼と会ってから、3ヵ月後にトラさんを通じて私の写真が欲しいといってきた。それを見て、前回、夏紀行で北京に彼が来た。コインを振らない手法なんです。不思議研究所でこれをやらないかというわけです。トラさんが通訳に入っていて、どうしようかと。浮気することになるじゃないですか。トラさんは「森田さん、ぜひやってください。私も知りたいから」。トラさんはこういう人だったんだ、と。自分（の六爻占術）よりすごい占いだという気配をもっている。中国にさえ出ていない占い。金《きん》口《く》訣《けつ》という占い。いったことはすべて当たる。願望実現でなくて、占いとしていったことは全部実現するということです。

ある問いをもったときに瞬間何を見たか。それで卦が書ける。つまり、宇宙の始まりからその問いをもってこのコップを見ることは決まっていた。それとコインを振ることは似ている。コインだってシンクロを起こす。このコップをみて株価を占う。だから場をはずすことがないと彼はいう。コイン振らないから、当たる確率がすごい、勉強するのも簡単だと、彼が売り込みをかけてきた。契約関係に入ったわけです。そのとき「これで私は占いだけに専念できる」。食うことは考えずに済む、と彼がいった。私の写真が欲しいのはそれだったんです。私を通じて今後どうなるかの問いをもって私の写真を見た。不思議研究所でこの占いがひろまれば、自分は食べるのに困らないと。一言もしゃべらなかったことです。

Q　占いは限りがない。どうつながっているのでしょうか？

A　みんな切り口が違う。盲師派推命は時間だけ。面相は空間だけ。今度の占いは現在の瞬間だけ。その問いを持ったときに何を見たか。過去は関係ない。いつ生まれたか関係ない。それ

で全部見る。切り口が違うのは私の不思議調査のいろんな方向から、問い詰めていく行為に近いです。

Q 占いは決定ばかり伝える。決定を知ることで、森田さんなりの、全部知って全部変わるという感覚がいつも働いているような気がしてならない。

A 最初に全部運命が決まっていることは、チベットで初めて占いの話を聞いて、愕然としたんです。運命決まってるのか、お先真っ暗だな。自分も死ぬまで決まっているんだと思った。トラさんの近くにいるとあきらめの境地にならざるをえない。でもなるにしたがって、小手先でプールの端を押すことがだんだんなくなってくる。あきらめの境地と一体となるときに大きく変わる。それがだんだん自分で実感として来る。「運命が決まっている」「私は結果」を本当に受け入れるのはかなり大変ですし、その大きなステップが次につながる、時空のドアが開く一歩になるんじゃないかという気がします。

Q 森田さんは知ったこっちゃないかもしれませんが、運命や生き方について、ファン向けにおことばあったらお願いしたい。

A 難しい(笑)。学びのことばはいわないタイプなんです。好きにやれとしかいいようがない(笑)。こうしろといったとたんに、それにはまりこんでしまう。さっきもおぎゃあおぎゃあという泣き声が聞こえて、生まれ変わったという感じを思ったが、こう生きればいいと思った瞬間にゴールが出てくる感じがあるので、そういうものは全部もたない方がいいというしかない。アドバイスはしたらいかんよ、と。

Q　勝手にしろと（笑）。

A　勝手にしやがれと思うのは、時空に対してそう思ってきたというのが大きいです。逆にいえば、最初は神に対して自由にさせないといった。そこからすでに180度転換してますんで、あのまま行ったら敵対関係のままですね。

Q　勝手にしやがれ、に360度の可能性でいいじゃないというのを感じる。そこにみんな吸い寄せられてしまう。それはビジネスで応接する（笑）。

A　そういうことです。

Q　最後におっしゃりたいことは？

A　自分が講演会をやっているときに、みなさんの顔がちらちらよく見えました。自分がふと向こう側に行っているような気がするんです。パフォーマンスとして演じていながら、視線を感じる。自分が幽体離脱をして見ている感覚に陥《おちい》るんです。見ている側の視線に入り込んでいる感じがした。やっていて気持ちがよかったんです。

最後に、スライド上だけで光の点を増やして終わるのが、観客を入れようって話になって、あれはきのう決まりましたよね。あれをやって、本当に感覚的にも自分が一体感をもてました。気持ちがよかったです。

Q　いろいろとありがとうございました。

（拍手）

特別手記

神の手が動き出す

ルールに従わせた存在とは？

科学と宗教は反目しあってきました。その根底には、ふたつは元もと異質なものだという前提がありそうです。

私が高校２年の時です。物理の時間に先生が黒板に運動方程式を書いているとき、軽いめまいのようなものを感じました。その方程式が、宇宙の隅々まで行き渡っていると思えたからです。ひとつのルールを隅々まで行き渡らせることなど、人間界では考えられません。誰かひとりくらいルールを破るはずだからです。しかし宇宙には何一つ、ルールを破る存在はありません。

多くの科学者は方程式を発見したとき、次のように言います。

「ほら、世の中には不思議なことなんてないのですよ」

その科学者にとっては、宇宙が偶然ではなく動いていることを証明すれば良いのです。

でも私には、偶然ではなく動いていることのほうがずっと不思議です。なぜなら、そのルールを作り、そのルールに従わせた存在は何かという問題が発生するからです。

こうして私に、科学と宗教が同時に芽生えました。

科学は「ＨＯＷ(どのように？)」を研究します。宗教は「ＷＨＹ(なぜ？)」です。「ＨＯＷ」と「ＷＨＹ」は私にとっては切り離すことが不可能だったのです。

神は自由もお創りになった

進んだ大学はカトリックの関係でした。神父さんが教授を務めるケースも多く、さっそく質問しました。

「物理の方程式は誰が作ったのでしょうか？」

教授はすぐに答えました。

「この世の中のものは、みんな神がお創りになったのだから、方程式も当然神がお創りになりました」

次は意地の悪い質問をしました。

「すべてのものを創ったのなら、凶悪な犯罪や、目を覆うような災害も神が創ったのでしょうか？」

少し間をおいて教授は答えました。

「それは神が、同時に自由もお創りになったからです。偶然も自由の印です」

私はもう少し突っ込みました。

「自由があるとすれば、未来は決まっていないのですか？」

「神は未来までは創っていません。未来は人間が創り出すものだからです」

「では神に祈るのはなぜですか？」

「それは未来に対して、神の働く余地を残しているからです。だから祈りによって世界は変わるのです」

教授が語る神についての理論は、整然としていました。自由があるから災害も犯罪もある……なるほどと思いました。この世に良いことだけ起こしていれば、それを自由とは呼べません。
　私はこの大学で、数多くの教授について宗教学を学びました。私の専攻である電気電子工学に匹敵するほどの単位数でした。就職にも役立たないような科目をなぜそんなに取ったのでしょうか。それは根源的な質問が、大学の外ではなかなか受け付けられなかったからです。私が神についての質問をすれば決まって、
「神についていくら考えても、結論など出やしない」
「そんなことを考えてもしかたがない」
　などと言われました。

神よ、お前の好きにはさせないぞ

　大学を卒業し大企業で働くようになると、神のことは次第に遠のいていきました。
　でも勤めていた会社を辞め、独立してその事業も軌道に乗ったときでした。突然根源的な問いが舞い戻ったのです。私はつぶやきました。
「私は誰？　私はみなしご？」
　なぜ私は私なのか……、私の魂を最初に作ったのは一体何者か……、そういう問いに答えないで、利益ばかりを追求している会社経営が突然イヤになったのです。
「私は神が作った方程式の通りに動かされているのか……、それとも神の与えた自由の範疇《はんちゅう》で生きているだけなのか

……。そもそも神っているのだろうか……」

これらに対する答えは、今までの科学では出てきません。なので私は不思議研究所を作ることを決心しました。

でも10年間もコンピューターソフトの会社を経営しています。すぐに不思議研究をすることに、なかなか踏み切れませんでした。当時はＩＴ産業などとは呼ばれていませんでしたが、今と同様に日進月歩の業界であって、社長が１ヵ月もフラフラと出かけるわけにもいきませんでした。

そこにひとつの事件が起きました。長男が妊娠６ヵ月で流産してしまったのです。私は出産に立ち会いました。死産した長男は、まるで仏像のような顔をしていました。その胎児に向かってつぶやきました。

「神よ、お前の好きにはさせないぞ」

私はキレたのです。運命を勝手に操る神を暴《あば》いてやろうと思いました。もう一秒も待てませんでした。すぐに不思議研究所を開始しようと思いました。

ところでこのフレーズからすれば、当時の私は次のように考えていました。

神と人は分離した存在であり、神は我々をコントロールしている。神から自由になれば、我々も自由になれる……と。

こうして私の神暴きの旅がスタートしたのです。

女装体験から不思議研究に突破口が

新聞に「不思議情報求む」という２行の広告を出しました。中国の新聞にも出しました。すると最初に中国に行った日に、考古学者の王虎応氏（通称トラさん）と段建業氏（通称ダンさん）が訪ねてきました。トラさんが日本語で、

「私たちも不思議なことが大好きです。ご一緒させて下さい」

と言いました。しかしアポイントも無しにいきなり部屋を訪問された私は、怖《こわ》くなってドアを閉めてしまいました。

その後、交際が始まりました。ダンさんは四柱推命のプロの占い師でした。トラさんはすでに六爻《ろつこう》占術を発見して、弟子を集めて講座まで開いていました。ふたりとも占いという切り口から時空の謎に迫ろうとしていたのに、私は彼らの視点をまったく相手にしなかったのです。

最初の頃、不思議調査は遅々として進みません。理由があとからわかるのですが、私は物的証拠が無いものを信用していなかったのです。

打開するきっかけは、2000年に生まれ変わりの村を調査したことでした。その村は前世の記憶を持つ人が多いのです。調査を通じて得たことは、魂には性差が無いということでした。ひとつの魂が男から女へ、女から男へと移り変わっていました。彼らに聞けば、肉体の性が変わっても、アイデンティティの変化は無いとのことでした。ということは、私だってそれを生きたまま実験出来るかも知れないと思い、女装して

みました。

すると、ふたつの変化がありました。まずひとつは、自分の男性性を肯定できるようになったのです。今まで男らしくあろうとするために、強がっていただけだとわかったのです。強がる必要が無くなったとき、私はあるがままの自分を肯定できたのです。今は講演会等のイベント時に、年に数回だけ女装する程度です。それでも視点が変わるのですから、外側(服装)って不思議です。

ふたつめは、非科学的なことでも調査の対象にしようと思ったことです。これによって私は、占いの世界に入っていくことができました。つまり私は女装体験を持つことによって別の問いを持てたのです。人の目を気にせず真理を追究するとはどういうことか、論理的な側面を持たない探求はどういうことか……という。

これを神の視点から考えてみました。女装体験からすると、神は性差を作ることによって多くの視点からものごとを知りたいのではないかと思いました。普通は問いが、経験から出てくるものが多いです。男なら男の視点から発生する問いがほとんどです。なので神は60億の個に分解して、別の人生(別の性別も含む)を歩ませて、別の問いを作らせたのではないでしょうか。

盲師派推命占術と六爻占術との出会い

この頃ダンさんは、目の見えない占い師にだけ伝わった盲師派推命占術を会得していました。これは従来あった四柱推命よりも当たる確率が高く、90%以上だと言われていました。

私はさっそく占ってもらいました。生まれた時間まで告げると、それをダンさんは命式(運命を表す命の式)に変換しました。命式を見ながら私の人生を喋り始めました。父が大金を騙されたこと、私が早口なこと、多くの視点から調査していること、26歳で独立したこと、1996年から不思議研究所の本格的な活動に入ったこと、2001年には株で大儲けをしたことなど、私の主要なイベントはほとんど当てました。これらは生まれた時間のみで決定されているのです。やはり運命は決まっていたのです。

生まれ変わりの村の調査も本格的に始まりました。そこで聞く話は、今までの死生観をひっくり返すものでした。自殺しても天国に行き、反省する場所も無いのです。しかも生まれる場所などを選んでいる様子はありません。これにより、死んだ世界でも運命は決まっていると言えそうです。

ここまで運命が決まっているとすれば、大学の時に教授から聞いた「未来は人間が創り出すもの」という表現は違ってきます。

でも決まった運命をくつがえす出来事が起こりました。

トラさんからは六爻占術を教えてもらいました。六爻占術は盲師派推命占術のように、一生運を細かく出すことはできません。しかし決まっている運命を変えることができたのです。

私の親戚の娘さんが結婚したのですが、お婿さんのほうに原因があり、子供が出来ないことがわかりました。私は六爻占術で判断するために、ふたりにコインを振ってもらいました。するとお嫁さんの卦（八卦の一種）からは、羊の携帯ストラップを身につければ妊娠するかも知れないという判断が出たのです。でも一般的に考えれば「原因」はお婿さんの側にあります。トラさんに相談すると、

「結果であるお嫁さんの運命が変われば、原因であるお婿さんの体のほうも治ります」

という返事が来ました。

結果が原因を変えるなどということがあるでしょうか？

しかし3ヵ月後、本当に妊娠してしまったのです。産婦人科のお医者さんは、あり得ないことだと言いました。

ところで盲師派推命占術によれば、この夫婦は子供ができる運命にはありませんでした。ということは、羊の携帯ストラップが運命を変更したのです。生まれる予定ではなかった子供が生まれてしまったのです。

原因は外側にあった

このことのからの気づきは、ことのほか大きいです。

私たちは自分に原因があると言われてきました。自分の今の状態は、過去の行いが原因だとされてきました。この夫婦に子供が出来ないのは、この夫婦の過去に何らかの問題があり、カルマとなって今に影響しているのだと……。

しかし携帯ストラップひとつで、問題はすべて解決されました。

そのうちしっぺ返しがくると言う人もいます。しかしすでに数多くの事例がある中で、しっぺ返しがきた例はありません。

原因は自分自身の内部にではなく、外側にあったのです。でなければ羊の携帯ストラップで問題解決するはずがありません。

また、病気を治したり目指す大学に合格するという運命改善では、複数の置物等を設置します。ということは原因はひとつではなく、複数あるのです。しかも自分自身には何も原因が無いということは、私は空洞と同じであり、私以外がすべて原因なのです。

性格と運命に関して、盲師派推命占術と六爻占術では次のように言われています。

『性格は生まれた日で決まります。ですが運命を変えれば、性格も変わるときがあります。しかし、性格を変えて運命が変わることはありません』

自分の性格は、運命の大元だとされてきました。だから「自分を変えれば周りの世界も変わる」と思ってきました。でもまったく逆だったのです。

しかもトラさんの検証によれば、ある人がコインを振って出た卦を書き換えれば、他の人の運命も出るのです。ひとりの卦から８人の卦を出してそれが当たった事例もあります。それどころか、書き換えるたびに当たる確率は上がるのです。まるでノイズが減るように……。

ということは私たちはみんな、ネットワークのようにつながっているのです。

「時空」から「神」へ

私は不思議研究所を設立して以来、神という単語は控え、時空と呼んできました。それは「神」が縦の関係を連想させる「教祖」という単語とも結びつくからです。でも神が横の関係なら、神という単語を解禁しても良いと思いました。

私たちは神を、一点に集約された原因だと思ってきました。その原因とつながれば、私たち自身も何らかの形で変わるのだと思ってきました。つながる方法は祈りだったりもしました。

でも原因は一点に集約されないのです。私以外のすべてに分散されているのですから……。だとすれば、その分散されている総体が神と言えるのではないでしょうか。なぜならそれ以外に原因が存在しないからです。

しかも私は空洞なので、点だとも言えます。私が点で全体が原因ならば、神は私の原因であり、私自身とも言えるはずです。

神が外側にいないとすれば、私の長男が死産したのも神の仕業ではなく、運命通りだっただけなのです。私は「神よ、お前の好きにはさせないぞ」と言いましたが、神とて「好き勝手」は振る舞えなかったのです。

神も自由になりたい

ではなぜ宇宙は存在し、私も存在しているのでしょうか……。それは神自身が自由になりたいからだというのが私の仮説です。

しかし自由になるのは大変です。なぜなら神の外側には、何もないからです。

神は宇宙空間に放り出された生物のようです。いくらもがいても、周りには何もないから体は移動できません。

いえ、その前に、神は体すら動かすことができないのです。なぜなら、神を構成する私たちの個の運命が、すべて決まっていたからです。

神は、固まったまま動けない存在だったのです。

この世の中は、作用と反作用で成り立っています。物を押せば、物から押し返されます。それがあるから私たちは歩いたり、喋ったりすることができます。

地面を蹴《け》ったとき、足がズブズブと入ってしまえば歩くことができません。声帯が空気を押さなければ、声を発することができません。作用を起こす外側に何かがあるから、私たちは動くことができるのです。

しかし神の外側には何もありません。神自身は外側に対して作用を起こして、移動することすらできなかったのです。

では神は、どういう方法をとったのでしょう。それは神自身の中を60億の個に分解して、それをネットワークすることでした。その中でお互いに問いを起こし、原因と結果の連鎖が書き換えられることで作用反作用を超えて自分自身が動くことでした。しかし「個」がそれに気づくのに、138億年かかりました。そして今やっとスタートしたのです。

運命変更が始まった

携帯ストラップで、予定されていない生命を誕生させることが出来ました。今までの概念で言うところの、神を超えた行為です。でもこれは奇蹟《きせき》などではなく、あの世とこの世がネットワークでつながったことだと思います。

すでに生まれ変わりの村でも、この世とあの世のネットワークは始まっています。そのネットワークの接着剤の役割を果たしているのが、この世とあの世の間に置かれた「スープ」です。前世の記憶を持つ人の証言によれば、生まれ変わる直前に出くわす「スープ」を飲まなければ良いのです。飲んでしまうと前世を忘れるのです。

生まれ変わった父親が、20歳も年上の娘と友達関係からスタートし、娘が死ぬまで付き合った例もありました。父親は語りながら泣きました。

孫と同じ中学に通った人の例もありました。今まで考えられなかったことが起こり始めているのです。

これはまさにあの世でスープを飲むことを知ってしまったからで、神が身体を動かし始めたのにたとえられると思います。

今までは石像のように動くことすらできませんでした。

携帯ストラップで子供が生まれたことは、たとえば神が腕を動かしたようなものです。

「ギィ〜」……と。

神は全知全能だと言われてきましたが、まったく逆でした。宇宙誕生から138億年もの間、神は指一本動かすことはできませんでした。神こそ、不自由の世界に存在し続けたのです。

その発端は盲師派推命占術の師匠であったり、六爻占術の創始者であったりしました。そして21世紀の初頭、60億の個の一部である私たちが「動かす方法」に気づいたのです。

自分が原因ではなく、自分以外が原因という方法で……。

究極のいい運命へ

自分たちの上に、神はいませんでした。神は横のつながりそのものだったのです。私たちは独立した個であり、それがネットワークされたのが神だったのです。

なのですべては対等です。価値も対等です。この世に不完全はありません。

どんな人でも完全です。あなたももちろん完全です。直すところなど、何もないはずです。

自分自身を肯定すると、いい運命へのドアが開きます。それは運命の流れそのものが、変わる可能性を持っているからです。

作用と反作用の話をしました。DVDの中では浮き輪に乗って動こうとする話をしました。一生懸命にプールの壁を押しているのが、作用です。壁から押し返されるのが反作用です。浮き輪に乗ったあなたは少しだけプールの中央に移動できます。今度は手で水をかきます。それも作用と反作用の法則を使います。

これは自分自身を肯定していない方法なのです。今の場所がイヤだから、一生懸命に移動しようとするのです。でも手は疲れるばかりです。いくら努力しても、移動できる距離はたかが知れています。

逆に自分を肯定するということは、水をかくのを止めることです。そして両手を水から上げて、周りを見渡してみましょう。するとプールの水が自動的に流れ始めます。

人はゴールに向かうことをしてきました。そのために努力するのが良い人生だと言われてきました。今の自分を否定してもっと成長しなければと思い、ゴールに向かって苦しみながら走っていました。

さあ、スタートラインに戻りましょう。すると今のままの自分が愛おしくなるはずです。

こういう状態になったとき、あなたは他の人間だけでなく、動物や植物、ひいては自然ともつながるようになります。

あなた以外のものは、すべてあなたの原因です。

トラさんが占おうとしたら、バッタが飛んできて黒板にぶつかりました。バッタが飛んだ軌跡が明日の株価でした。

バッタはトラさんのためにぶつかったのではありません。しかしこれは、特異な現象でしょうか……。神を横に考えてネットワークにつながり、ハンドルを手放せば(つまり目標を追うことをやめれば)、シンクロニシティはどんどん起こるのです。そして周りのすべてがあなたに未来を教えてくれるのです。そして問いの連鎖がネットワークを書き換え、全体が一つになって変わり始めるのです。これが、神が動き出すということなのです。

そして未来を知ることは、いい運命好転への一歩です。

なぜなら親戚のお嫁さんは、子供が出来ない運命だったのです。でもそれを知ることが、時空にとって計画されていない赤ちゃんを誕生させるきっかけになったのです。

神はやっと動き始めました。でも動いたのは、まだ指一本、腕一本かも知れません。これから、足も動かせるようになったらどうでしょうか。神がやっと歩き出す……そんなすごい未来に私たちは突入しようとしているのです。

特典映像　新しい占いとの遭遇

すでに前兆は始まっていたのです。2004年に訪中した時、金《きん》口《く》訣《けつ》という占いを持ってきた人がいました。私が帰国すると、トラさんを通じて私とのツーショットの写真を要求してきました。そして2005年の中国夏紀行で、彼は私のホテルに押しかけてきて言いました。「合作《がつさく》しましょう」と。「戦わずして勝つ」が基本の孫子兵法は、金口訣占術を使っていたのです。中国でも秘伝中の秘伝でした。トラさんも絶賛しました。コインを振らず、誕生時間も知る必要はなく、問いを持った「瞬間」を切り口にする占いなのです。しかもギャンブルにめっぽう強いのです。時空の謎に迫る強力なアイテムになりそうです。そして合作は始まったばかりです。

「ようこそ
不思議研究所へ」

中国紀行での取材先や紹介者たちへのプレゼントを前に、金口訣占術について話す著者

お知らせ

◆六爻占術と盲師派推命占術の詳しい資料が欲しい方

この中に登場する六爻占術、盲師派推命占術のテキストは書店では売られておりません。テキストに関する詳しい資料が欲しい方は不思議研究所·占術研究部までご請求下さい。無料でお送り致します。

不思議議研究所·占術研究部

〒151-0053　東京都渋谷区代々木1-30-6

電話　03-3375-4489（平日10～18時）

fax　03-3375-2955（24時間）

◆無料会報誌「不思議の友」が欲しい方

森田健のさまざまな不思議研究の最新情報は、「不思議の友」という会報誌で皆さまにお届けしております。

入会金·会費とも無料です。請求先の住所·電話·FAX番号は上記と同じです。

◆森田健のホームページ

http://www.moritaken.com/

森田健は海外に行ったときも必ずパソコンを持っていき、その場で報告を書き、インターネットに載せています。インターネットに接続できる方は是非アクセスして下さい。

≪DVD-Video注意事項≫

◎ DVD-Videoとは映像と音声を高密度に記録したディスクです。DVD-Video対応プレーヤーで再生してください。DVDドライブ付き PCやゲーム機などの一部の機種で、再生できない場合があります。◎このディスクは特定の国や地域でのみ再生できるように作製されています。したがって販売対象として表示されている国や地域以外で使用することはできません。各種機能についての操作方法はお手持ちのプレーヤーの取扱説明書をご覧ください。◎このタイトルは、4：3画面サイズで収録されています。◎このディスクは家庭内鑑賞にのみご使用ください。このディスクに収録されているものの一部でも無断で複製(異なるテレビジョン方式を含む)・改変・転売・転貸・上映・放送(有線・無線)することは厳に禁止されており、違反した場合、民事上の制裁及び刑事罰の対象となることもあります。

〔取り扱い上のご注意〕

◎ディスクは両面とも、指紋、汚れ、傷等をつけないように取り扱ってください。また、ディスクに対して大きな負荷がかかると微小な反りが生じ、データの読み取りに支障をきたす場合もありますのでご注意ください。◎ディスクが汚れたときは、メガネふきのような柔らかい布を軽く水で湿らせ、内側から外側に向かって放射状に軽くふき取ってください。レコード用クリーナーや溶剤等は使用しないでください。◎ディスクは両面とも、鉛筆、ボールペン、油性ペン等で文字や絵を書いたり、シール等を貼付しないでください。◎ひび割れや変形、または接着剤等で補修されたディスクは危険ですから絶対に使用しないでください。また、静電防止剤やスプレー等の使用は、ひび割れの原因となることがあります。

〔保管上のご注意〕

◎使用後は、必ずプレーヤーから取り出し、DVDブック専用ケースに納めて、直射日光の当たる所や、自動車の中など、高温、多湿の場所は避けて保管してください。

〔視聴の際のご注意〕

◎明るい部屋で、なるべく TV画面より離れてご覧ください。長時間続けての視聴を避け、適度に休憩をとってください。

112min.	片面1層	COLOR	レンタル禁止	MPEG2	複製不能

4:3　2　NTSC　DOLBY DIGITAL

DVD企画・制作／講談社　映像編集／銀河プロジェクト

森田健（もりた・けん）

1951年、東京都生まれ、上智大学電気電子工学科卒。富士通（株）を経て、コンピューターソフト会社を経営しながら、不思議研究所を設立。「時空」と「私」の謎を解くために、数々の不思議現象を探究し、世界中を取材する。全方位に向けての着眼と体当たりの姿勢は、根強い人気を博している。主な著書に、『運命を変える未来からの情報』『DVDブック 森田健の「見るだけで運命が変わる！」』（以上、講談社）、『「私は結果」原因の世界への旅』『ハンドルを手放せ』『自分ひとりでは変われないあなたへ』（以上、講談社＋α文庫）。不思議研究所では、無料会報誌「不思議の友」を随時発行中。

ホームページアドレス　http://www.moritaken.com/

DVDブック　究極《きゆうきよく》のいい運命《うんめい》へ　神《かみ》とつながれ

2006年4月12日　第1刷発行

著者――森田《もりた》　健《けん》

装画――朴《パク》　士用《サヨン》

写真――但馬一憲（講談社写真部）

装丁・本文レイアウト――WORKS（若菜　啓）

発行者――野間佐和子

発行所――株式会社講談社

東京都文京区音羽2-12-21　郵便番号 112-8001

電話／編集 03-5395-3529

販売 03-5395-3622

業務 03-5395-3615

印刷所――凸版印刷株式会社

製本所――凸版印刷株式会社

落丁本、乱丁本は購入書店名を明記のうえ、小社業務部あてにお送りください。

送料小社負担にてお取り替えいたします。

なお、この本の内容についてのお問い合わせは生活文化第二出版部あてにお願いいたします。

ISBN4-06-274221-7

価格は箱に表示してあります。